MON
OISEAU

Liz Palika

ÉDITIONS
MICHEL
QUINTIN

Crâne allégé pour favoriser le vol (uniquement chez les perruches)

Cire

Œil

Bec

Poitrine

Aile

Patte

Ongles

Rémiges principales

Rectrices caudales

PRENDRE SOIN DE SON OISEAU

Sur une échelle de 1 à 5 :	1	2	3	4	5
Le temps à lui consacrer				✓	
Exercice à lui faire faire		✓			
Jeu			✓		
Espace dont il a besoin		✓			
Toilette à faire		✓			
Nourriture à lui donner			✓		
Nettoyage de sa cage				✓	
Son espérance de vie				✓	
Convient aux enfants de 5 à 10 ans		✓			
Convient aux enfants de 10 et plus			✓		

SOMMAIRE

Préface   4

Histoire naturelle   6

Avant l'arrivée de votre oiseau   8

Placer la cage   14

Le premier jour   16

L'alimentation   18

Les sorties   26

Les apprentissages de base   32

Jeux et jouets   34

Le langage des oiseaux   38

L'entretien   40

La toilette   44

Les soins   50

L'affection   58

En savoir plus   60

Index   62

PRÉFACE

En Australie, les perruches sauvages se perchent par bandes dans les arbres.

Dans mon premier livre sur les animaux de compagnie, l'illustratrice avait dessiné ma mère tricotant, une perruche nichée sur les cheveux. Je ne sais pourquoi ce portrait ne fut pas retenu par l'éditeur, car il illustrait à merveille la relation qui s'établit entre l'oiseau et l'être humain : ma mère s'occupait de George, sa perruche bleue, qui, en retour, avait trouvé chez ma mère le nid rêvé.

Ma mère avait cet instinct de protéger tout ce qui vit, et je pense, après trente ans d'expérience vétérinaire, que les propriétaires d'animaux de compagnie sont le meilleur du genre humain. Et que s'occuper des oiseaux, à la maison ou au jardin, manifeste simplement la satisfaction que l'on tire de s'attacher à d'autres êtres vivants.

Si vous devez vous occuper d'oiseaux, autant bien le faire. Ce qui implique de connaître leurs besoins physiques, environnementaux et affectifs. Dans ma famille, les oiseaux vivaient toujours en groupe, ce qui est essentiel chez les espèces comme les perruches ondulées si vous voulez leur offrir des conditions de vie proches de la nature. Ainsi, un miroir n'est pas le substitut qui convient à une perruche. Si vous ne possédez qu'un seul de ces oiseaux, c'est la présence humaine qui sera le meilleur substitut. Vous pourrez faire aussi volontairement ce que ma mère accordait d'instinct : ouvrir la cage et laisser à la perruche la liberté de choisir, en toute sécurité, ce qu'elle veut faire.

Si les perruches demeurent les oiseaux de compagnie les plus populaires, les cacatoès rencontrent néanmoins beaucoup de succès. Les canaris et les petits exotiques, dont le chant nous ravit, sont de plus en plus demandés. Enfin, vous pouvez trouver maintenant de grands perroquets élevés en captivité.

J'ai bien dit « élevés en captivité », car les grands oiseaux tels que l'ara à tête rouge du Mexique ou le perroquet gris d'Afrique ont toujours été disponibles, mais, jusqu'ici, on les capturait à l'état sauvage. Ces créatures terrifiées passaient le reste de leur vie à tenter de s'échapper, et celles qui y parvenaient se retrouvaient souvent dans des environnements hostiles où elles ne pouvaient survivre. Fort heureusement, ces oiseaux magnifiques et intelligents sont maintenant apprivoisés et vous aurez la satisfaction de savoir que ce compagnon heureux et calme n'a pas été capturé pour être mis en cage.

À mesure que vous connaîtrez mieux ces animaux, leurs besoins et leur vivacité d'esprit, vous vous rendrez compte que rien n'est plus néfaste que de les laisser en cage, livrés à eux-mêmes, sans autre occupation que leur nourriture. De multiples problèmes affectifs et de santé risquent de survenir.

Prendre tout de suite un bon départ avec son oiseau est donc essentiel. Le but de ce petit livre est précisément de donner les moyens d'établir avec l'animal la relation la plus durable et la plus affectueuse possible.

Bruce Fogle, docteur vétérinaire

On sait maintenant que les oiseaux sont beaucoup plus intelligents et sociables qu'on ne le croyait.

LES ORIGINES

Le fossile d'oiseau connu le plus ancien, de 150 à 160 millions d'années, remonte à la période jurassique ; il a été trouvé en Allemagne dans un bloc de calcaire. Ce fossile, qui présentait des empreintes de plumes, était celui d'un archéoptéryx, un animal de la taille d'un corbeau actuel, mi-oiseau, mi-reptile. L'affirmation selon laquelle les oiseaux descendraient des dinosaures reste un sujet de débat, mais des découvertes telles que celle de l'archéoptéryx semblent confirmer cette théorie.

Aujourd'hui, les oiseaux ont conquis toute la planète. Vous pouvez les rencontrer dans tous les habitats, en montagne, dans les bois tempérés ou dans la forêt tropicale, en bord de mer, dans la savane et même dans le désert. Tous présentent des points communs, les plumes, les œufs pondus par la femelle, l'aptitude au vol (à quelques exceptions près) et une ossature très différente de celle des mammifères.

À l'état sauvage, la plupart des oiseaux vivent en bandes. Ils s'appellent pour s'avertir de la présence de nourriture ou de prédateurs, ou simplement vérifier la proximité de leurs congénères. Ces appels de contact existent également chez l'oiseau de compagnie, qui sera rassuré de savoir que sa bande – vous et votre famille – est toujours présente.

LES OISEAUX APPRIVOISÉS

Les oiseaux sont les compagnons de l'homme depuis des milliers d'années. La reine d'Égypte Hatshepsout serait la première à avoir gardé des oiseaux en captivité. En 1500 av. J.-C., elle fit capturer des faucons et des éperviers sauvages pour la volière royale. Alexandre le Grand avait aussi des oiseaux apprivoisés, paons, perroquets et perruches. Les oiseaux de compagnie ont aussi connu une grande popularité en Europe et beaucoup de gens possédaient des volières. Aux temps glorieux de l'Empire romain, avoir des perroquets parleurs était le fin du fin.

Si les oiseaux chanteurs charmaient par leurs vocalises et les perroquets amusaient par leurs imitations, on utilisait aussi des rapaces pour la chasse. À travers les siècles, l'art a souvent représenté un chasseur à cheval entouré de chiens, un épervier encapuchonné perché sur le bras. Le plus souvent réservés à la noblesse, ces oiseaux de proie étaient des marques de prestige, mais on s'en servait aussi pour chasser des animaux qui amélioraient le menu quotidien.

De nos jours, posséder des oiseaux n'est plus une marque sociale et l'habitude s'en est largement répandue. En outre, il a été récemment démontré que ces animaux sont plus intelligents et plus sociables qu'on ne le pensait. Des recherches menées en Arizona ont abouti à la conclusion que certains perroquets auraient les facultés intellectuelles d'un dauphin ou d'un chimpanzé !

Les oiseaux sauvages courent maintenant de nombreux dangers : la perte de leur habitat, la pollution, le manque de nourriture, la maladie, la mort due aux prédateurs naturels ou domestiques. Si de nombreuses espèces ont été apprivoisées pour notre plaisir, il est important de laisser les oiseaux sauvages dans leur milieu naturel. Ceux qui ont été capturés sont apeurés et perturbés dans une cage, et deviennent souvent agressifs ou déprimés. N'achetez donc que des oiseaux nés et élevés en captivité, qui seront de bien meilleurs compagnons.

Les oiseaux sauvages vivent en société. Un oiseau seul en cage, sans compagnons ni échanges avec des humains, sera malheureux.

LA CAGE

Avant d'amener l'oiseau à la maison, il
faut choisir sa cage. Par principe, plus l'animal
disposera d'espace, mieux il sera. Il faut adapter la
dimension de son habitation, son style et son type à votre
oiseau. La cage ne doit pas seulement assurer son confort, elle
doit l'empêcher de s'enfuir. Nous passerons ici en revue les différents
types de cages convenant aux espèces les plus populaires, perruches
ondulées, canaris et petits exotiques. Pour un grand perroquet, il
faudra prévoir une cage beaucoup plus grande que celles décrites
dans ce chapitre.

PERRUCHES ONDULÉES
Les perruches se déplacent beaucoup ; elles seront à l'aise dans une
cage d'un bon volume, d'environ 50 cm de long, 40 cm de large et
60 cm de haut. Les barreaux de la grille, d'une épaisseur moyenne,
seront espacés de 1 à 1,5 cm.

PETITS EXOTIQUES ET CANARIS
Ces petits oiseaux aiment voler ; procurez-vous donc une cage plus
longue que haute. Pour un couple, prévoyez 70 cm de long, 40 cm de
large et 50 cm de haut. Les barreaux de la grille, assez légère, seront
espacés de 1 à 1,5 cm.

PERRUCHES CALOPSITTES ET INSÉPARABLES
Il vous faudra une cage de 60 cm² pour ces oiseaux. Une grille
de force moyenne, aux barreaux espacés de 1,5 cm, conviendra.

Limitez-vous aux cages carrées ou rectangulaires, et ce quel que soit
l'oiseau. Elles offrent un plus grand volume et une meilleure sécurité.
Les cages rondes ou fantaisistes ont certes un air de petit palais, mais
les ornements et les éléments décoratifs font perdre de la place pour
l'oiseau qui, par ailleurs, pourrait se coincer une patte, une aile, voire
la tête dans ces ferronneries. Enfin, plus la cage est simple, plus facile
en sera le nettoyage.

Attachez une grande importance à la porte de la cage parce que
certains oiseaux, spécialistes de l'escapade, saisissent la première

occasion, lorsque vous êtes occupé et qu'ils s'ennuient, pour
s'échapper. La porte sera assez large pour pouvoir saisir facilement
l'oiseau et devra se fermer avec un loquet ou tout autre système
assurant la meilleure sécurité, par exemple un petit cadenas pour
les plus grands oiseaux prompts à s'échapper.

La plupart des cages sont munies d'un fond à tiroirs, qui permet de
nettoyer la caisse. Ce dispositif se manipule facilement et il est très
sûr. Mais veillez à ne pas laisser les tiroirs entrebâillés, par où l'oiseau
pourrait sortir.

Au moment de l'achat, examinez la cage sous différents
aspects. Simple, attrayante et munie de la grille qui
convient, elle doit être facile à nettoyer et fermer en
toute sécurité. L'oiseau doit y avoir assez d'espace,
s'y sentir à l'aise et sans inquiétude.

L'AMÉNAGEMENT DE LA CAGE

La cage devant être aménagée, veillez à prendre la liste de ces fournitures au moment de l'achat.

PERCHOIRS

L'oiseau passe le plus clair de son temps sur ses pattes, c'est pourquoi les perchoirs doivent être de qualité. Prenez plusieurs modèles pour que l'oiseau puisse changer de position à volonté. Les barreaux de bois conviennent très bien, mais les branches sèches sont encore mieux. L'oiseau perché ne doit pas enserrer entièrement le barreau, le bout des ongles laissant libre un tiers de sa circonférence. Le diamètre idéal d'un perchoir est, pour les petits exotiques et les canaris, entre 1 et 1,5 cm de diamètre, pour les perruches de 1,5 à 2 cm et, pour les calopsittes, de 2 cm.

MANGEOIRES

Les récipients à nourriture doivent être solides, d'une taille adaptée à l'oiseau, et faciles à nettoyer. Il est clair que l'auget en plastique d'un petit exotique ne conviendra pas à un perroquet amazone, qui aura vite fait de le détruire. Vérifiez que la mangeoire s'adapte bien aux barreaux de la cage, ou fixez-la à un perchoir.

MATÉRIEL DE SOINS

Cet équipement variera selon l'oiseau, mais, pour toutes les espèces, il peut être utile de disposer de pinces à ongles, d'une paire de ciseaux, d'un vaporisateur et d'un bassin. Vous pourrez vous servir d'un vaporisateur à plantes ordinaire et d'une soucoupe en plastique pour le bain et la douche de l'oiseau, mais ils seront réservés exclusivement à cet usage. Il vaut donc mieux acheter des accessoires neufs. Il existe également des baignoires conçues spécialement pour les oiseaux en vente dans les commerces spécialisés.

NIDS

Si vous possédez un couple que vous souhaitez voir se reproduire, l'achat d'un nid («boule» pour les exotiques, «coupe» pour les canaris, et «en bois» pour les perruches) se révélera nécessaire.

COUVERTURE DE CAGE

Une couverture de cage
protégera l'oiseau des courants
d'air, et lui signalera l'heure du
coucher, c'est-à-dire le moment
de se tenir tranquille. Vous
pouvez acheter une couverture
spéciale adaptée à la cage ou
en confectionner une dans un
vieux linge. Veillez à laisser
passer suffisamment d'air
pour ne pas étouffer l'oiseau.

JOUETS

Les perruches ou
perroquets ont besoin
d'objets qui stimulent leur activité physique et psychique. Veillez à
choisir les jouets adaptés à l'oiseau. Les
perruches ondulées aiment les petits objets
légers et les miroirs. De plus grands oiseaux

apprécieront davantage les éléments qu'ils peuvent manipuler du bec,
de la langue et des pattes. La plupart des espèces de perroquets, y
compris les perruches et les cacatoès, mâchent sans pitié leurs jouets,
aussi est-il préférable de choisir des objets en bois ou en plastique dur.

POUR EN SAVOIR PLUS

Vous pouvez vous procurer un livre ou deux sur l'espèce choisie, ainsi
qu'un guide plus général sur l'élevage. Si vous possédez un animal
particulièrement intelligent, tel que le perroquet gris d'Afrique ou l'ara, un
manuel d'apprentissage pourra vous être utile : plus vous en saurez,
moins vous commettrez d'erreurs, et l'oiseau sera le premier à en profiter.

RENONCEZ AU PAPIER DE VERRE

On a longtemps cru que du papier de verre sur le perchoir ou au fond de
la cage permettait à l'oiseau de limer ses ongles. Il n'en est rien. Le papier
de verre ne fait qu'écorcher ses pattes et ne se justifie pour aucune
espèce. Vous pourrez prévoir un perchoir en ciment où l'oiseau se fera le
bec et les ongles. Étaler de vieux journaux sur le fond de la cage n'est pas
non plus la solution idéale ; optez plutôt pour du fond de cage, à base de
sable marin qui assure une parfaite hygiène et permet à l'oiseau de
grignoter petits graviers et coquilles, sources de calcium.

LES AIRES DE JEUX

Les aires de jeux sont des dispositifs étudiés spécialement pour les différentes espèces de perroquets, et vous trouverez certainement celle qui convient à votre oiseau. C'est là une excellente occasion pour lui de sortir de sa cage et de prendre de l'exercice. Les aires de jeux mobilisent toutes les facultés de ces animaux intelligents et sociables. Elles peuvent se poser sur une table ou se fixer à la cage.

Avant d'acheter l'aire de jeux, étudiez celles qui ont le plus de chance de convenir à l'oiseau. Les perruches et les cacatoès dont les ailes ont été rognées pourront se distraire sur de petits modèles, de même que les inséparables et les perruches américaines appelées conures. Les plus grands oiseaux, comme les perroquets, devront disposer de structures plus robustes, résistant aux attaques de leur bec puissant.

La plupart des modèles sont munis d'un ensemble de perchoirs horizontaux et de barres verticales stimulant l'escalade. Différents diamètres, différents matériaux tels que des branches naturelles, permettent une exploration diversifiée. Des perchoirs obliques obligent parfois l'oiseau à fournir davantage d'effort, ou bien encore

LES PETITS OISEAUX

Les plus petits oiseaux, notamment les petits exotiques, les canaris et les autres espèces n'appartenant pas à la famille des perroquets, peuvent se passer d'aire de jeux. Ils prendront assez d'exercice dans une grande cage. De plus, leurs ailes n'étant pas rognées, ils auraient tôt fait de s'envoler de leur perchoir.

des plans inclinés, des escaliers donnent à l'oiseau l'occasion de sauter. Agrémentant certains dispositifs, des jouets se prêtent à d'autres activités, y compris la mastication. Remplacez systématiquement les jouets devenus inutilisables.

L'aire de jeu doit également convenir à la personne qui s'occupe de l'oiseau. Elle doit pouvoir se déplacer facilement, se poser sur une surface plane ou se fixer à la cage, et être d'un entretien facile.

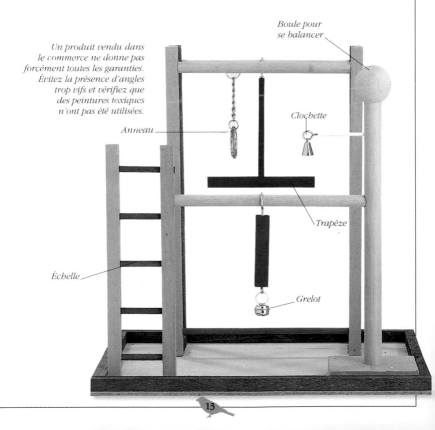

Boule pour se balancer

Un produit vendu dans le commerce ne donne pas forcément toutes les garanties. Évitez la présence d'angles trop vifs et vérifiez que des peintures toxiques n'ont pas été utilisées.

Clochette

Anneau

Trapèze

Échelle

Grelot

L'ENDROIT IDÉAL

Où faut-il placer la cage?
Pour trouver l'endroit idéal,
plusieurs éléments entrent en ligne de
compte.

Tout d'abord, la plupart des oiseaux, et surtout les
grandes perruches et les perroquets, préfèrent se
tenir près des humains. Ils n'aiment pas rester
longtemps seuls; ils peuvent bouder, refuser de manger, et même devenir
coléreux ou agressifs si vous ne leur accordez pas assez d'attention.
Installez donc la cage là où vous et votre famille vous retrouvez le plus
souvent. Le séjour ou une salle de jeu conviennent très bien.

BRUIT

Assurez-vous que l'oiseau n'est pas soumis à un volume sonore élevé.
Si les enfants disposent d'un poste de télévision et d'une chaîne hi-fi
dans la salle de séjour et montent souvent le son, évitez d'y installer la
cage. Choisissez plutôt une pièce où les adultes se détendent et règlent
le téléviseur à un volume raisonnable. Dans tous les cas ne placez pas
la cage dans la cuisine (différence de température, humidité, etc.).

TEMPÉRATURE

Les oiseaux sont sensibles aux écarts de température importants et aux
courants d'air. N'installez donc pas la cage trop près d'une porte,
d'une fenêtre, d'un appareil de chauffage ou d'un climatiseur. Prenez
également soin de ne pas laisser l'animal au soleil sans possibilité de
se rafraîchir à l'ombre. La plupart des oiseaux se sentent plus en
sécurité si leur cage est au moins en partie abritée; placez-la donc
contre un mur ou dans un angle.

VOTRE CONFORT

Il importe que vous vous accordiez sur l'emplacement de la cage.
L'oiseau risque-t-il de gêner les conversations téléphoniques ou les
invités? Ses bruits, chants ou cris, indisposeront-ils les voisins? Faites-vous
facilement le ménage à l'endroit choisi? Plumes et fientes atterriront-elles
sur le tapis de prix ou le fauteuil de style hérité des grands-parents?
Une fois l'endroit choisi, assurez-vous que l'oiseau ne peut rien y
atteindre du bec. Les perroquets peuvent être très destructeurs; ne

laissez pas à leur portée rideaux, papier peint, cordons d'alimentation électrique ou cadres de tableaux.

UNE AIRE DE JEUX POUR DÉPLACER L'OISEAU

Une fois la cage installée, efforcez-vous de ne plus la déplacer. Tout changement serait mal vécu par l'oiseau. Si vous souhaitez profiter de sa compagnie tout en circulant dans la maison (ce que les oiseaux apprivoisés apprécient), installez-le sur un perchoir ou une aire de jeu, la cage restant à sa place.

Le perchoir d'intérieur, ou bâton de perroquet, est un simple support muni d'un ou deux barrcaux, d'une mangeoire, d'un abreuvoir et d'un socle pour recueillir les fientes. La plupart des oiseaux (aux ailes rognées) apprennent vite à se tenir sur ce perchoir, que vous déplacerez dans la maison pour rester en sa compagnie sans avoir à le garder sur la main ou sur l'épaule.

Placez si possible la cage à la hauteur des yeux pour pouvoir parler facilement à votre oiseau et le nourrir de la main (s'il est apprivoisé)

L'ARRIVÉE DE VOTRE OISEAU

Il faut toujours enfermer l'oiseau pour le transporter et éviter à tout prix de le laisser en liberté, même en voiture. Un petit carton fera l'affaire, ou une boîte à chat si c'est un grand perroquet. En général, l'animalerie fournit une boîte en carton avec l'oiseau.

À la maison, la cage ayant été préparée, vérifiez que portes et fenêtres sont bien closes avant d'installer l'oiseau. Le plus souvent, il suffit d'ouvrir la boîte à l'entrée de la cage et de laisser l'animal sortir seul. Cette méthode est la meilleure, aussi faites preuve de patience pour laisser l'initiative à l'oiseau. S'il ne sort décidément pas, inclinez légèrement le carton pour faciliter sa sortie. Résistez à la tentation de tapoter la boîte ou de la secouer, pour ne pas apeurer l'animal.

DES DÉBUTS EN DOUCEUR

Les deux premiers jours, laissez l'oiseau en cage pour qu'il s'habitue à sa nouvelle maison. Il l'explorera, découvrira son abreuvoir et sa mangeoire. Il observera ce qui se passe autour de lui et commencera à se faire au va-et-vient familier. Assurez-vous qu'il reste hors de portée des autres animaux, surtout des chiens, des chats et des furets, tous prédateurs des oiseaux.

Pendant ces deux jours, évitez d'inviter famille, amis ou voisins pour faire la connaissance de l'animal, car c'est beaucoup trop tôt. Les enfants doivent comprendre la nécessité de rester calmes pendant cette période. Baissez le volume sonore de la chaîne et du téléviseur, enfin évitez d'utiliser l'aspirateur quelques jours.

Parlez à l'oiseau le plus souvent possible, d'un ton tranquille mais gai, en restant à quelque distance. Vous pouvez lui parler, ou vous adresser à lui, tout en vaquant à vos occupations dans la pièce.

Passé les deux premiers jours, si l'oiseau mange bien et ne paraît pas perturbé par ce qui se passe autour de lui, reprenez progressivement vos habitudes. Réglez normalement les volumes sonores, et les amis des enfants pourront revenir jouer. L'oiseau va vivre ici : il doit s'habituer à son nouveau foyer.

Si la boîte rentre dans la cage, placez-la au fond et laissez l'oiseau sortir de lui-même.

L'ALIMENTATION

Dans le domaine alimentaire, tous les oiseaux ne suivent pas le même régime. Dans leur milieu naturel, certaines espèces se nourrissent de graines, d'autres préfèrent les fruits. Il en est qui sont exclusivement insectivores, d'autres mangent de tout. Toutefois, la majorité des espèces ont le même système digestif. Les aliments absorbés doivent être réduits en molécules simples, et, chez les oiseaux, ce processus commence dans le jabot. Cette poche située à la base de l'œsophage reçoit d'abord les aliments avant qu'ils soient brassés dans la première partie de l'estomac avec les sucs gastriques; ils passent ensuite dans la seconde partie de l'estomac et y sont broyés à l'aide des gravillons ou du sable avalé par l'animal, d'où l'importance de leur fournir du sable spécial oiseaux en guise de fond de cage. Puis les nutriments sont absorbés par les parois intestinales et les déchets rejetés.

Une alimentation saine comporte divers éléments, décrits ci-dessous. Tous doivent être présents dans la nourriture de l'oiseau.

○ Les **vitamines** sont des composés organiques qui influent sur le métabolisme, la croissance, la reproduction et d'autres processus physiologiques.

○ Les **minéraux** sont des composés inorganiques dont l'effet se conjugue avec les autres minéraux, les vitamines, les acides aminés ou les enzymes.

○ Les **acides aminés** font partie des protéines et participent à leur absorption métabolique; ils jouent notamment un rôle dans la croissance et la régénération.

○ Les **protides** peuvent être complets ou incomplets. Les premiers contiennent tous les acides aminés nécessaires; on les trouve dans les œufs, la viande rouge, le poisson et les laitages. Les seconds, également sains, manquent de certains acides aminés, comme les haricots, les noix, les céréales ou les pommes de terre.

○ Les **enzymes** sont des substances protéiques agissant au niveau des cellules. Elles sont responsables de réactions biochimiques affectant le métabolisme. La plupart agissent en présence d'un coenzyme, le plus souvent une vitamine.

○ Les **lipides**, ou graisses, permettent le métabolisme des vitamines liposolubles, D, E et K. Les graisses sont également une source énergétique.

○ Les **glucides** sont les sucres et les amidons utilisés par le corps comme source d'énergie.

QUE MANGENT LES OISEAUX ?

Comment pouvez-vous savoir de quel type d'aliment un oiseau a besoin? La forme du bec nous renseigne déjà. Par exemple, le long bec fin du colibri indique que cet oiseau se nourrit de nectar. Les oiseaux au bec conique mangent surtout des graines, ainsi les moineaux, les bengalis et petits exotiques, les canaris, les cardinaux et les pigeons. Ceux aux becs longs et minces sont surtout insectivores (mainates, merles, rossignols du Japon). Les becs robustes et crochus servent à broyer ou déchirer des aliments durs : les perroquets cassent les noix et mordent les fruits, tandis que les rapaces (faucons, éperviers et aigles) déchiquettent leurs proies.

Par le passé, on avait l'habitude d'élever les oiseaux se nourrissant de graines, car cette denrée manquait rarement. De nos jours, il existe une grande variété d'aliments disponibles, y compris des produits tout préparés, et nous en savons beaucoup plus sur la diététique. Par exemple, les oiseaux ne tirent pas entièrement profit d'un régime exclusivement à base de graines, car il y manque notamment des acides aminés, des vitamines et des minéraux. Ces connaissances nous permettent d'offrir aux oiseaux de compagnie une nourriture variée et complète.

Les oiseaux ne se nourrissent pas que de graines; certaines espèces ont besoin d'une alimentation variée et complète.

Le régime alimentaire qui convient dépend évidemment de l'espèce d'oiseau que vous élevez, mais aussi de son âge. Un jeune en pleine croissance n'a pas les mêmes besoins qu'un sujet adulte et le fait d'élever un oiseau pour la reproduction, par exemple, influe sur le régime alimentaire, tout comme le niveau d'activité, l'état de santé ou le niveau de stress. Ces éléments doivent être pris en compte lorsque vous nourrissez un oiseau.

TOUS LES ALIMENTS

Il n'existe pas d'aliment miracle pour un oiseau de compagnie. Il lui faut avant tout une nourriture variée correspondant à ses besoins. Dans son milieu naturel, un oiseau granivore ne se contentera pas d'une seule sorte de graine. Il recherchera au contraire un grand nombre de plantes dont il tirera des graines vertes ou bien mûres ; par la même occasion, il profitera sans doute du nectar, du pollen ou de quelques insectes. De plus son régime sera saisonnier, dépendant de la nourriture disponible.

Le but à atteindre étant d'offrir à l'animal le meilleur régime possible, voici les aliments qui conviennent à la plupart des oiseaux.

GRAINES

Les graines les plus courantes comprennent divers millets, l'alpiste, le lin, le chènevis, le moha, le niger, le carthame, le tournesol (cardy) et le colza. Le carthame et le cardy sont riches en huile et très caloriques. Les graines constituent un aliment intéressant mais n'apportent pas tous les nutriments nécessaires, d'où l'intérêt d'acheter des mélanges tout prêts spécifiques à votre oiseau.

LÉGUMES FRAIS

Les légumes apportent une grande variété de vitamines, de minéraux et d'oligoéléments ; ils doivent faire partie de tout régime équilibré. Vous pouvez donner, par exemple, des carottes et des brocolis râpés ou hachés, des feuilles de légumes, du chou, de la courge râpée ou hachée, des patates douces, des tomates et des courgettes. Les pousses (de brocoli ou de luzerne, par exemple), excellentes également, doivent être très fraîches.

FRUITS FRAIS

Vous pouvez proposer de la pomme, de la
banane, des fraises, du melon, des raisins, des baies.
Les fruits apportent des vitamines et des minéraux,
mais surveillez les quantités, car ils peuvent liquéfier
les fientes.

NOIX

On entend en fait par noix tous les fruits et graines oléagineux
décortiqués, tels que les cerneaux de noix, les amandes, les noix
de cajou, les cacahuètes. Offrez-les aux perroquets.

INSECTES

Insectes (sauterelles), vers ou crevettes séchées vendus dans le
commerce spécialisé viendront comme une friandise ou feront partie,
en petite quantité, du régime habituel des oiseaux insectivores
(mainates, mésias).

ŒUFS

Des œufs durs écrasés peuvent être ajoutés au menu dans la plupart
des cas. Les coquilles broyées fourniront un excellent «grit» pour le
système digestif de l'oiseau.

PRODUITS COMMERCIAUX

Les pâtées ou granulés pour oiseaux peuvent fournir un apport
excellent si, et seulement si, la préparation et les ingrédients sont de
qualité. La composition de ces produits est étudiée pour offrir une
alimentation complète et équilibrée. Certains oiseaux accepteront
volontiers ce type de nourriture, d'autres la refuseront. De nombreux
éleveurs donnent de la pâtée aux petits dès le début, et dans ce cas il
n'y a pas de rejet.

EAU

L'oiseau doit toujours disposer d'eau fraîche dans sa cage. Assurez-
vous que l'abreuvoir ne se trouve pas sous un perchoir, faute de quoi
l'eau serait vite souillée de fientes. Changez aussitôt l'eau qui n'est
plus limpide.

COMMENT NOURRIR VOTRE OISEAU

PERRUCHES

Un mélange de graines comprenant de l'alpiste, du millet, du gruau d'avoine, du colza, du lin et du moha sera excellent. Vous pouvez également donner de la pâtée ou des granulés du commerce en plus du mélange de base. Ajoutez tous les jours un peu de fruits et de légumes.

CANARIS

Un mélange comprenant du colza, du gruau d'avoine, du niger, du chènevis, du lin et de l'alpiste sera riche en glucides et en protides, nutriments importants pour le canari. Vous pouvez encore donner du millet en grappes en supplément de temps à autres. Variez avec des fruits et des légumes. Les canaris ont un métabolisme très rapide ; ils absorbent un quart de leur poids par jour, aussi veillez à alimenter l'auget !

CACATOÈS

Le régime varié dont ces oiseaux ont besoin inclura des graines et des céréales, des farines complètes (pain et pâtes), des gâteaux au riz, des fruits et des légumes frais. Pâtées et granulés conviennent également. Viande et insectes varieront le menu.

PETITS EXOTIQUES

Fournissez-leur un mélange pour exotiques (millet, alpiste, niger,

LE GRIT

Le grit est un mélange de sable, de gravillon et, parfois, de coquilles d'huître finement écrasées. Cette matière granuleuse facilite, dans la seconde partie de l'estomac des oiseaux, le broyage des aliments, notamment les graines dures et les fruits du type noix ou amandes. Les experts s'accordent sur la nécessité de fournir du grit aux petits exotiques et aux canaris, à mettre dans un auget. En revanche, les oiseaux de plus grande taille tels que les amazones et les aras n'ont pas besoin de grit, car ils broient leur nourriture et n'ingèrent que rarement le type de graines dures dont les petits oiseaux se nourrissent. Il n'y a pas d'accord de principe sur les oiseaux de taille moyenne comme les perruches ondulées, les calopsittes et les conures, mais il est sans danger de leur donner du grit une fois par semaine.

moha). Pommes et grappes de millet constituent un extra fort apprécié.

LES COMPLÉMENTS

Donner des compléments à l'oiseau ou y renoncer n'est pas un choix facile, pas plus que ne l'est celui des produits à sélectionner? Un apport excessif d'un nutriment pourrait menacer la santé de l'animal; un apport trop parcimonieux conduirait au même résultat. Alors que faire?

Avant tout, commencez par offrir le meilleur régime alimentaire possible. Ensuite, et ensuite seulement, envisagez d'apporter un complément et en vous posant la question de son utilité, car une modification alimentaire pourrait être facteur de déséquilibre. Enfin, il importe que vous respectiez la posologie du fabricant, aussi lisez attentivement le mode d'emploi du produit.

Si un menu quotidien à base de graines est amélioré par des fruits et des légumes, vous ne prendrez guère de risque en donnant un complément en vitamines et en minéraux adaptés à l'oiseau. Si celui-ci est nourri avec des produits du commerce de qualité, il n'aura sans doute besoin d'aucun apport.

Si l'oiseau est convalescent, après une blessure ou une maladie, le complément peut être indiqué pour l'aider à recouvrer la santé. Dans ce cas, prenez conseil auprès du vétérinaire. Mais, là encore, une alimentation quotidienne équilibrée reste la meilleure garantie.

CALCIUM ET PHOSPHORE

Une carence en calcium et en phosphore se manifeste souvent pendant la période de reproduction lorsque la femelle doit fournir le calcium pour ses œufs. La présence d'un os de seiche dans la cage suffit en général, mais certains oiseaux ne s'en contenteront pas. Si vous soupçonnez cette carence, ouvrez-vous-en au vétérinaire aviaire avant de donner un complément à la femelle. En tout état de cause, munissez la cage d'un os de seiche ou d'un bloc minéral pour oiseaux; en revanche, un apport calcique ou minéral excessif ou sous une forme inadéquate peut mettre en danger la vie de votre oiseau.

L'os de seiche, que vous trouverez dans une animalerie, se fixe à la cage par une agrafe spéciale.

QUAND NOURRIR VOTRE OISEAU

Un oiseau doit s'alimenter tous les jours. À heure fixe, de préférence le matin (ces animaux ayant l'habitude de manger dès le réveil), sortez de la cage l'auget et l'abreuvoir, videz-les, nettoyez-les à fond, et réapprovisionnez-les. Contrairement à de nombreux mammifères, les oiseaux ne peuvent rester à jeun, et certains (petits exotiques, canaris et autres espèces de petite taille) peuvent mourir après seulement une courte période de diète. Après avoir déterminé l'heure du repas, efforcez-vous de vous y tenir, car l'oiseau attendra sa pitance.

La plupart des oiseaux commencent à se nourrir dès le matin, et continuent à picorer pendant la journée. Ne privez jamais l'animal de sa nourriture. Si celle-ci est souillée, jetez-la et regarnissez la mangeoire.

Donner son repas à l'oiseau dès le matin ne dispense pas d'améliorer son menu en cours de journée. Les propriétaires d'oiseaux aiment offrir un petit supplément à l'animal à l'heure de leurs propres repas. Il n'y a aucun inconvénient à cela, tant que ces rations suivent le régime ordinaire de l'oiseau. Par exemple, si vous avez donné les graines ou la pâtée le matin, vous pourrez offrir les légumes frais à midi et les fruits le soir.

Avant le coucher, jetez les fruits ou les légumes non consommés par l'oiseau et donnez-lui de l'eau fraîche, mais laissez les graines et la pâtée.

NOURRIR POUR LE PLAISIR

Leur assimilation très rapide contraint les oiseaux vivant dans leur milieu naturel à rechercher leur nourriture une grande partie de la journée. En captivité, bien sûr, ils sont ravitaillés dans leur cage. Alors comment occupent-ils leur temps? Les oiseaux qui s'ennuient vont contracter de mauvaises habitudes, par exemple en détruisant leur environnement par la mastication, en arrachant leurs plumes ou en poussant des cris. Vous pouvez toutefois éviter ces attitudes en rendant l'heure des repas plus active et plus distrayante.

L'un des augets devra toujours contenir la nourriture fraîche habituelle, mélange de graines ou pâtée, tandis qu'une autre mangeoire sera remplie de divers aliments en cours de journée. Tantôt il s'agira de verdure hachée, tantôt de grains de raisin en quartiers ou de noix. Fixer du millet en grappe par une attache à un barreau de la cage obligera l'oiseau à manœuvrer pour l'atteindre (dosez la difficulté!). Une branche de céleri enrobée d'un peu de beurre de cacahuètes ou un petit bouquet de chou-fleur peuvent également faire l'objet d'un défi.

Une autre astuce consiste à confectionner une brochette. Vous aurez besoin pour cela de ficelle et d'une grosse aiguille. Percez, par exemple, des rondelles de pomme, de carotte, de banane, un morceau de patate douce, une tomate cerise ou toute autre friandise fraîche, enfilez le tout et suspendez-le dans la cage. Un perroquet y trouvera beaucoup d'intérêt.

Vous pouvez encore distraire l'animal en enfilant des jouets avec les morceaux de nourriture. Laissez libre cours à votre fantaisie, mais en veillant toujours à la sécurité de l'oiseau. Prenez garde qu'il ne se blesse avec ce type de brochette et aidez-le éventuellement à faire la découverte de ces nouvelles friandises.

Si les oiseaux sauvages passent le plus clair de leur temps en quête de nourriture, ce n'est évidemment pas le cas des oiseaux en cage! Cela peut conduire à l'obésité, que vous éviterez en servant des graines riches en matière grasse, augmentées de friandises à basses calories telles que les fruits et les légumes. Mesurez les doses quotidiennes et veillez à ce que l'oiseau puisse faire de l'exercice.

ÉVITER L'ENNUI

Les oiseaux ont des mœurs diverses. Certains, comme les petits exotiques et les canaris, sont petits, rapides, et font de charmantes vocalises. Les perroquets tels les aras sont au contraire forts et bruyants. Leurs capacités psychiques varient également. Les plus petits (petits exotiques et canaris encore) résolvent facilement les problèmes qui touchent à leur survie. Ils se montrent très vigilants vis-à-vis de leurs prédateurs et sont prompts à prendre la fuite en cas de danger. Mais ils restent indifférents aux marques d'affection et à l'apprentissage.

Les oiseaux plus gros manifestent davantage d'aptitudes, non seulement pour se protéger mais également dans d'autres domaines comme le jeu. Les oiseaux de taille moyenne (perruches, cacatoès, petits conures) présentent des caractéristiques mélangées : leur instinct de survie reste fort, mais ils expriment aussi le désir de jouer et de se socialiser.

Lorsqu'un animal aussi doué est contraint de vivre en cage, l'ennui le gagne vite. L'oiseau s'amusera donc d'abord avec ses jouets, mais, lassé de voir toujours les mêmes, il explorera d'autres types de distraction et s'attaquera, par exemple, à son perchoir ou, à travers les barreaux, à la couverture de sa cage. Il peut également arracher ses plumes ou crier pour manifester son ennui, c'est ce que l'on appelle «le picage».

Afin d'éviter cela, il suffit souvent, pour les petits oiseaux difficiles à sortir de leur cage, comme les petits exotiques et les canaris, de les installer par couples. À deux, les oiseaux se tiennent compagnie et se distraient plus facilement. Il en va de même pour les perruches. Quant aux oiseaux qui se laissent manipuler plus aisément (sans stress) et répondent à l'apprentissage, ils ont besoin de sortir de leur cage pour lutter contre l'ennui et resserrer les liens d'affection.

Mais un oiseau apprivoisé ne peut quitter sa cage que si ses ailes ont été rognées, opération qui est expliquée page 47.

ÉCARTER LES RISQUES

Il importe d'examiner attentivement les pièces de la maison où vous pourrez sortir l'oiseau. Il faut vous assurer que l'animal, restant un moment en votre compagnie en dehors de sa cage, ne risque pas de détruire ce qui l'entoure et ne court lui-même aucun danger. Ainsi, si vous voulez travaillez en compagnie de votre oiseau, veillez à ce que votre bureau soit libre de tout document important avant d'y installer l'animal. Et lorsque celui-ci reste juché sur le perchoir de la fenêtre, rideaux et cordons doivent rester hors de sa portée.

Si vous installez toujours l'oiseau au même endroit au cours de vos sorties, assurez-vous qu'il ne peut rien atteindre : fils de téléphone, cordons d'alimentation, appareils électriques, luminaires, bibelots et, d'une manière générale, tout objet dangereux ou de valeur. Les oiseaux sont très curieux et cette curiosité peut les mener loin si vous n'y prenez garde!

Il en est de même de l'aire de jeux ou du perchoir d'intérieur. Ces éléments, en principe portables, peuvent être installés dans différents endroits. Prenez l'habitude de passer en revue tout ce que l'oiseau est susceptible d'atteindre. Si vous le posez trop près d'un tissu d'ameublement, il pourrait le mettre en charpie! C'est pour lui une activité très naturelle que d'explorer ce qui l'entoure. En cas d'accident, vous ne pourrez vous en prendre qu'à vous-même.

Les fumées dégagées par les revêtements antiadhésifs des ustensiles de cuisine sont toxiques pour les oiseaux. Si l'animal se tient habituellement à proximité, renoncez à ce type de matériel. La santé de votre oiseau est à ce prix.

SORTIR DE SA CAGE

La perruche ou le perroquet apprivoisé peut passer du temps en dehors de sa cage, sur l'aire de jeux ou le bâton de perroquet installé à proximité de la personne qui s'occupe de lui. Quoi qu'il en soit, ces sorties seront mises à profit pour resserrer les liens avec l'animal, rassuré par cette présence humaine qu'il apprécie. La relation avec l'oiseau se construit petit à petit, et cela prend du temps. Contrairement à un chiot, qui manifestera d'emblée son affection, l'oiseau (surtout adulte) est un peu sauvage. Il a besoin d'une période d'observation avant d'exprimer sa confiance et son attachement.

QUELQUES ASTUCES POUR ÉTABLIR DES LIENS

○ Parlez à l'oiseau d'une voix douce et amicale, déplacez-vous lentement et silencieusement près de lui.
○ Lorsque vous le tenez, rapprochez-le de votre cœur.
○ Caressez-le doucement. S'il manifeste du mécontentement, arrêtez-vous et parlez-lui gentiment.
○ Offrez-lui une friandise lorsque vous le tenez.
○ Ne vous fâchez pas si l'oiseau mord : c'est là son seul moyen de défense contre ce qui lui fait peur.

Pendant la période où vous cherchez à créer une relation en laissant l'animal sortir de sa cage, ne lui faites pas quitter la maison. Cela risquerait de l'apeurer. Au contraire, à mesure que vous gagnez sa confiance, promenez-vous dans la maison en le posant sur votre main pour qu'il voie et entende tout ce qui s'y passe. Cela peut prendre des années avant qu'il n'accepte d'aller au-dehors sans être dans une boîte. Certains oiseaux ne surmontent jamais leur crainte et se révèlent incapables de quitter leur «maison».

Durant cette période d'approche, gardez à l'esprit que, dans leur milieu naturel, les oiseaux ne sont rassurés que par la présence de leurs congénères. Maintenant, c'est la personne qui s'occupe de l'animal qui joue le rôle de ce groupe. D'abord méfiant, l'oiseau ne demande pas mieux que de se lier, mais il mettra du temps à vaincre sa peur. Il faut donc vous armer de patience et, à force de douceur, vous aurez enfin la joie de vous apercevoir que l'oiseau a enfin trouvé son compagnon !

TOUJOURS PLUS DE SORTIES

À mesure que vous gagnez la confiance de l'oiseau, vous pouvez le faire sortir plus souvent de sa cage.

Mais il faut choisir le bon moment pour ces sorties. Ce peut être en regardant la télévision sur le canapé, ou quand les enfants racontent leur journée à l'école. L'oiseau n'a pas besoin d'être l'objet de l'attention générale : il sera simplement content d'être en compagnie des humains.

Évitez en tout cas de sortir l'animal quand vous faites des travaux dangereux pour lui, comme le repassage ou la cuisine.

Avant de sortir l'oiseau de sa cage, assurez-vous que portes et fenêtres sont bien fermées. Ne vous fiez pas à votre mémoire : vérifiez.

LES SORTIES SUR LE DOIGT

L'oiseau apprivoisé doit absolument apprendre à se poser sur le doigt à la demande. Si l'animal joue les rois de l'évasion (ce qu'il fera à un moment ou à un autre), vous pourrez reprendre la situation en main en l'invitant à quitter la tringle à rideaux ou le cadre à photo pour venir se jucher sur le doigt. S'il s'envole à nouveau, vous devez pouvoir le faire revenir. Les oiseaux n'aiment pas être tenu (cela leur rappelle la situation proie-prédateur) ; se percher sur le doigt leur évite ce contact direct.

Au bout de quelques jours (voire une semaine) où l'oiseau s'est s'accoutumé à la maison, vous pouvez lui apprendre à répondre à un ordre comme «Au doigt!», qui voudra dire «Monte sur mon doigt!» Le dos de la main tourné vers lui, l'index tendu et les autres doigts joints, présentez la main à l'oiseau, l'index légèrement plus haut que le niveau du perchoir. Appelez l'animal par son nom avec la formule «Au doigt!» S'il se perche sur l'index tendu, félicitez-le d'un ton un peu plus haut que la normale, sans élever la voix pour ne pas l'effrayer.

Si cette première tentative échoue, posez doucement l'index sur le ventre de l'oiseau, et répétez «Au doigt!», en gardant à l'esprit que ces mots ne veulent pour l'instant rien dire pour lui. Vous aurez peut-être à présenter plusieurs fois le doigt avant que l'oiseau ne s'y pose. C'est normal. Une fois perché, félicitez-le. Recommencez plusieurs fois par jour jusqu'à ce que l'animal réagisse spontanément dès que vous présentez la main et que vous répétez «Au doigt!»

Si l'oiseau bat des ailes contre les barreaux de la cage et se montre effrayé à la vue du doigt tendu, c'est qu'il n'est pas prêt. Laissez-lui alors plus de temps pour s'accoutumer. Attendez une semaine ou deux et offrez-lui des friandises à la main pour qu'il comprenne que la main apporte des gratifications, puis reprenez l'apprentissage.

Quand l'oiseau se sera posé sur le doigt (seulement dans la cage à ce stade), bougez un peu la main pour qu'il s'habitue au mouvement et apprenne à garder son équilibre. Déplacez-le ainsi d'un perchoir à l'autre en lui disant à chaque fois : «Jaco, au doigt!» et en le félicitant dès qu'il obéit. Poursuivez cet apprentissage une semaine ou deux.

Quand l'oiseau s'est habitué à ces déplacements, invitez-le à sortir de la cage posé sur le doigt. Faites-lui passer la porte en prenant soin de ne pas lui cogner la tête, ou de lui froisser les ailes ou la queue. Les oiseaux sont très sensibles aux chocs. Une fois dehors, félicitez-le, remettez-le en cage et offrez-lui une friandise dès qu'il a regagné son perchoir. Recommencez deux ou trois fois de suite puis laissez-le tranquille. Reprenez cet exercice pendant une semaine ou deux, jusqu'à ce que l'oiseau prenne l'habitude de sortir de sa cage et d'y rentrer sur le doigt.

LES RÉCOMPENSES DE L'APPRENTISSAGE
Tout le monde – humains ou animaux – travaille mieux quand il y a récompense. Pour l'oiseau apprivoisé, la récompense prendra la forme d'une félicitation et d'une friandise. Mais cette dernière doit correspondre à une envie manifeste : cherchez donc ce qui lui fait vraiment plaisir (graines de tournesol entières, morceaux de pomme, petit gâteau salé). Une fois trouvée cette récompense, réservez-la uniquement aux séances d'apprentissage. Pour l'obtenir, l'oiseau doit accomplir quelque chose.

Une bonne récompense est quelque chose que l'oiseau aime vraiment.

APPRENDRE À APPRENDRE

L'ÉCHELLE

Cet exercice prolonge l'apprentissage des sorties sur la main. Lorsque l'oiseau est confortablement installé sur le doigt, présentez-lui l'index de l'autre main à hauteur de son ventre et dites-lui : «Au doigt!» en l'appelant par son nom afin qu'il se perche sur l'autre main. S'il le fait, félicitez-le et récompensez-le. Recommencez deux ou trois fois, arrêtez quelque temps puis reprenez à deux ou trois reprises. Cet exercice apprend à l'oiseau à se poser sur l'une ou l'autre main en lui répétant le même ordre. Avec du temps et de la pratique, vous pouvez espérer obtenir de l'oiseau qu'il passe d'une main à l'autre (monter l'échelle) jusqu'à dix fois de suite par séance d'entraînement.

Offrez également à votre oiseau des friandises, ce qui suppose un autre entraînement. Autrement dit, avec la perspective de la récompense, l'oiseau apprend à apprendre.

MORSURES

Les oiseaux mordent pour plusieurs raisons, la principale étant la peur. L'animal peut mordre s'il ne connaît pas la personne qui lui tend la main. Plus tard, ce peut être par jeu. Si vous tendez la main puis que vous la retirez brusquement de peur que l'oiseau ne morde, alors il le fera! Il peut avoir la même réaction s'il ne veut plus être manipulé et que vous le forcez. Ou encore parce qu'il pense qu'il est supérieur à vous. Dans ce cas, il ne faut pas le laisser se poser sur votre épaule ou sur votre tête car, dans la nature, les oiseaux de haut rang perchent au sommet des arbres. La tête de l'animal doit rester sous les épaules.

Si l'oiseau mord, essayez d'en comprendre la raison, puis modifiez la situation. Donnez-lui l'ordre «Pas mordre!» pour couper court à cette pratique. Mais, d'une manière générale, n'y attachez pas trop d'importance. Nombre d'oiseaux, surtout les plus gros, sont assez bagarreurs et, si vous criez, ils crieront plus fort!

Si l'oiseau continue à mordre, demandez au vétérinaire l'adresse d'un spécialiste du comportement des oiseaux, qui pourra vous aider à résoudre ce problème.

AÉROBIC DES OISEAUX

Les oiseaux sont destinés à voler et, pour un oiseau en cage, c'est la meilleure façon de prendre de l'exercice. Pour un couple de petits exotiques ou de canaris, la cage doit être assez spacieuse, afin que les oiseaux puissent y voler, ces espèces n'ayant pas les ailes rognées. Ce n'est pas le cas des perruches, des cacatoès ou des plus gros oiseaux. Les ailes rognées diminuent leur capacité de vol, mais cela peut aussi leur sauver la vie en les empêchant de s'enfuir. L'exercice devient en revanche un peu plus difficile, mais, rassurez-vous, vous pourrez faire voler votre oiseau.

Lorsque celui-ci aura pris l'habitude de se poser sur votre main, emmenez-le dans une pièce fermée. Assurez-vous que toutes les portes et les fenêtres sont closes ; appelez l'oiseau par son nom et ajoutez : «Vole!» tout en abaissant rapidement la main. L'oiseau se mettra probablement à battre des ailes à l'instant même pour se maintenir en équilibre. Vous le féliciterez alors en lui disant : «Bien volé!»

S'il quitte le doigt en faisant mine de s'envoler, représentez-lui la main pour qu'il s'y pose de nouveau. L'idée est qu'il continue à s'agripper au doigt tout en battant vigoureusement des ailes, car il s'agit là d'un excellent exercice d'«aérobic».

Plus tard, quand l'oiseau aura fait des progrès, vous pourrez élargir le jeu. On a vu des amateurs courir dans la maison, la main dressée, pendant que le volatile, serrant l'index tendu, agitait furieusement les ailes. Scène comique, peut-être, mais le propriétaire et l'oiseau s'amusaient follement!

LES JOUETS SÛRS ET PROFITABLES

Bien que vous soyez la personne la plus importante pour votre oiseau, vous ne pouvez pas consacrer tous vos loisirs, chaque jour, à le distraire. Les jouets permettent à l'animal d'éviter l'ennui lorsqu'il reste seul et lui donnent en même temps l'occasion de faire de l'exercice tout en s'amusant.

MÂCHER

Il existe des jouets conçus pour être attaqués, généralement en bois, en cuir, en sisal, en acrylique, voire en pierre de lave. Vous trouverez dans le commerce des assortiments de ces objets, enfilés sur une corde ou un fil de fer, qui se suspendent au sommet de la cage ou se fixent sur le côté, à un barreau. L'oiseau les manipule, y met la langue, les pique du bec et les mâche.

SAISIR

Ces jouets sont faits pour être tenus par une patte, tandis que l'oiseau les mâche. Ils sont souvent en balsa ou en forme de rouleau de graines compressées.

PRENDRE DE L'EXERCICE

Pour que l'oiseau reste actif, proposez-lui des jouets qui ressemblent à des agrès et comprennent le plus souvent des anneaux auxquels sont suspendus des clochettes et des grelots. Certains modèles présentent aussi des cordes à nœuds et de petites échelles de bois. Les anneaux doivent être assez larges pour que l'oiseau puisse les traverser et, selon leur agencement, ils défient les aptitudes physiques de l'oiseau, perruche ou perroquet de plus grande taille.

RÉFLÉCHIR

De petits casse-tête permettent à l'oiseau d'exercer ses facultés intellectuelles. Ils se composent en général d'une friandise qu'il s'agit de gagner en comprenant comment ouvrir le récipient qui la contient. Il existe, par exemple, des boîtes munies d'un couvercle transparent à travers lequel l'oiseau peut voir la friandise.

MIROIRS

Les perruches et les perroquets aiment généralement les miroirs.
Les modèles munis de clochettes ou de grelots sont appréciés de
ces oiseaux.

BRANCHAGES

Des branchages sains (non traités aux pesticides) offrent d'amusantes
escalades aux petits oiseaux ; les plus grands pourront également les
mâcher.

JOUETS À ÉVITER

Évitez les jouets fragiles aux arêtes aiguës et en plastique cassant.
Renoncez également à ceux qui sont lestés de plomb. Tous présentent
des dangers. Assurez-vous que l'objet choisi est adapté à l'oiseau. Par
exemple, ne donnez pas un petit miroir de perruche à un perroquet
amazone, qui le brisera et risquera de se blesser.

Il est inutile d'encombrer la cage de jouets. Il suffit d'un ou deux
éléments à la fois, que vous changerez. Trop d'objets produisent le
même résultat que la chambre surchargée d'un enfant qui se plaint
de ne rien avoir pour jouer ! Choisissez le moment du nettoyage
des mangeoires et des fontaines pour changer les jouets. L'oiseau
continuera de s'y intéresser parce que les activités lui paraîtront
toujours nouvelles.

JOUER AVEC SON OISEAU

Les jouets ne servent pas seulement à distraire l'oiseau quand il est seul. Vous
pouvez aussi les utiliser pour jouer avec lui. Qu'il soit en cage, sur le doigt ou
sur son bâton de perroquet, présentez-lui un jouet en l'invitant à le découvrir.
Qu'il le saisisse ou le mâche par un bout tandis que vous gardez l'objet en
main. Qu'il grimpe sur l'extrémité d'un bâton tandis que vous le faites tourner
ou le renversez. Ne craignez pas de rire en
vous amusant avec votre oiseau ; les sons
aigus ne lui déplairont pas, et il ne croira
pas que vous vous moquez de lui. Le
rire est toujours positif et les activités
seront plus gaies.

L'AIRE DE JEUX

Faites découvrir progressivement son aire de jeux à votre oiseau. Lorsque celui-ci est posé sur votre doigt, emmenez-le auprès de la nouvelle structure et montrez-lui ; s'il ne semble pas inquiet, juchez-le sur l'un des perchoirs et offrez-lui une friandise. Félicitez-le dès qu'il commence ses explorations.

Si l'oiseau paraît inquiet et quitte le perchoir en battant des ailes, gardez-le au doigt tandis que vous touchez l'aire de jeux de l'autre main. Laissez courir vos doigts sur les perchoirs, agitez grelots et autres jouets pendant que l'oiseau regarde faire. Présentez-lui alors une friandise, faites lui juste goûter puis posez-la sur la structure. Donnez alors l'occasion à l'oiseau de quitter votre main pour aller chercher la récompense. S'il le fait, félicitez-le pour son initiative.

La plupart des aires de jeux sont munies d'une mangeoire et d'un abreuvoir. Garnissez l'auget de friandises et laissez l'oiseau les découvrir. Il aura tôt fait d'oublier ses appréhensions sur le nouvel engin !

L'oiseau bien installé sur l'aire de jeux, laissez-le s'y distraire seul ou jouez avec lui. Une récompense à la main, encouragez-le à monter ou descendre les barreaux tout en lui apprenant « monte » et « descends ». Montrez-lui comment se balancer sur le trapèze ou passer à travers les anneaux. Ne craignez pas d'avoir l'air stupide en vous amusant avec votre oiseau !

L'aire de jeux permet à l'animal de faire une excellente gymnastique. Escalader l'échelle, passer par les anneaux et grimper sur les perchoirs renforce la musculature des pattes et du bec (dont les oiseaux s'aident dans leurs évolutions). Se balancer l'incitera également à battre des ailes pour garder son équilibre.

Vous pouvez aussi profiter du temps passé sur l'aire de jeux pour offrir à l'oiseau de nouveaux jouets, aliments ou friandises. S'agissant d'une récréation pour l'animal, celui-ci sera peut-être moins difficile dans ses goûts s'il est nourri sur l'aire de jeux plutôt que dans sa cage.

Veillez à nettoyer la structure aussi souvent que la cage, notamment en regarnissant tous les jours le fond de sable pour cage. Pensez également à approvisionner la mangeoire et l'abreuvoir.

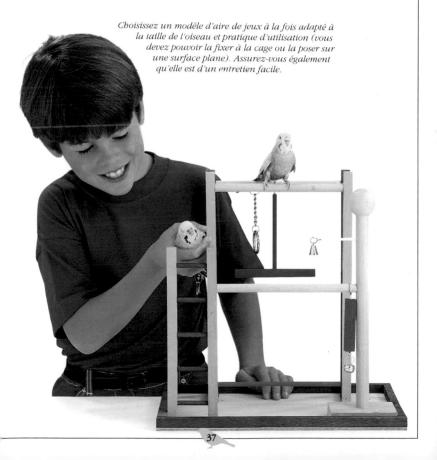

Choisissez un modèle d'aire de jeux à la fois adapté à la taille de l'oiseau et pratique d'utilisation (vous devez pouvoir la fixer à la cage ou la poser sur une surface plane). Assurez-vous également qu'elle est d'un entretien facile.

LE LANGAGE DES OISEAUX

Perruches et perroquets communiquent
très bien entre eux et ces échanges
commencent dès que les oisillons réclament
leur pitance. Il en est de même de l'oiseau de
compagnie, qui cherche à s'exprimer, mais auquel,
bien souvent, vous ne savez pas répondre. Savez-vous pourquoi
l'animal hoche la tête et pourquoi il pépie quand il voit faire certaines
choses? Mieux vous comprendrez ce langage, plus la relation avec
l'oiseau de compagnie sera facile. Voici donc un petit «dictionnaire».

Régurgitation avec hochements de tête et mouvements du cou :
l'oiseau est en train de dire : «Je veux te donner à manger!» Il ne
s'adresse ainsi qu'à une personne privilégiée, car les oiseaux régurgitent
pour nourrir leurs petits. Il s'agit donc d'une grande marque d'affection.

Il frotte son bec contre le perchoir : rien de particulier, il se nettoie
simplement le bec.

Il se lisse les plumes : l'oiseau fait sa toilette, comportement
signifiant qu'il se sent en confiance. S'il «nettoie» la personne qui
s'occupe de lui, c'est qu'il lui est très attaché.

Il ébouriffe ses plumes : l'oiseau arrange son plumage. Peut-être
avez-vous défait sa toilette en le caressant! Ou bien il vient de se
réveiller et s'ébroue.

Il bat des ailes contre son dos : ce n'est pas le moment de lui couper
les ongles ou de lui limer le bec parce qu'il est en train de dire : «Un
peu d'air, s'il te plaît!»

Il met les plumes de sa queue en éventail : l'oiseau ressent de
fortes émotions; ce peut être de contentement ou de colère.

Il agite la queue latéralement : il est heureux!

Il baisse la tête, plumes du cou ébouriffées : «Gratte-moi le cou,
s'il te plaît!»

Il tire ses plumes ou les arrache : c'est un signe de stress qui doit être pris au sérieux. Certains oiseaux peuvent se déplumer complètement.

Donne-moi à manger : si l'oiseau se met à l'horizontale, les ailes légèrement ouvertes et s'agite en regardant la personne prendre son repas, c'est qu'il voudrait bien une bouchée. Les oisillons réclament ainsi leur nourriture, et l'oiseau de compagnie fera de même tant qu'il obtiendra un résultat. Vous pouvez à cette occasion présenter un nouvel aliment à l'animal ou en profiter pour lui apprendre un nouveau tour.

Il vocalise : les oiseaux s'expriment beaucoup par la voix. C'est ainsi qu'ils communiquent entre eux. Les perruches et perroquets apprivoisés savent qu'ils peuvent obtenir quelque chose de cette manière. L'oiseau de compagnie se manifeste notamment le matin lorsque vous enlevez la couverture de la cage : il chante ou criaille. Et, très souvent, il pousse des cris perçants quand vous le vaporisez ou le douchez ; ou encore, il pépie à l'heure du repas. Certaines espèces chantent en entendant de la musique.

Vous en apprendrez beaucoup sur le langage de votre oiseau en vous contentant de l'écouter et de l'observer. Que fait-il quand vous le nourrissez? Quand vous le douchez? Comment réagissez-vous à ses attitudes et à ses postures? Savez-vous, intuitivement, quand l'oiseau veut sortir de sa cage? Tous ces signes sont sans doute reconnus sans même que vous en preniez conscience.

L'ENTRETIEN QUOTIDIEN

L'oiseau ne fait que sa propre toilette. Dans son milieu naturel, il se déplace d'un arbre à l'autre sur un vaste territoire, où il n'existe pas de problème de propreté.

L'oiseau en cage souille l'eau et la nourriture de fientes. Ce n'est pas parce qu'il est stupide – il ne l'est pas – mais parce que Dame Nature l'a conçu pour voler où bon lui semble. L'oiseau de compagnie n'ayant pas cette possibilité, c'est à son propriétaire de faire le ménage à sa place.

PRENDRE DES HABITUDES

La manière la plus facile de remplir ces tâches consiste à s'en tenir à un horaire strict. L'oiseau étant lui-même un animal routinier, ces habitudes lui conviendront très bien. Les tâches suivantes devront donc être exécutées tous les jours.

NETTOYER LES ACCESSOIRES

Tous les augets doivent être retirés de la cage et de l'aire de jeux, vidés et nettoyés à fond dès qu'ils sont sales. L'oiseau souille de fientes ses mangeoires et ses abreuvoirs et vous ne pouvez attendre de lui qu'il absorbe aliments et boisson sales. De plus, les bactéries se multiplient plus rapidement dans l'eau souillée.

Nombre de propriétaires d'oiseaux disposent de deux jeux de récipients, l'un étant en service pendant que l'autre est nettoyé. Cette vaisselle se fait d'abord au savon liquide et à l'eau chaude en réservant une éponge à cette tâche (n'utilisez pas celles de l'évier, des

plans de travail ou de la vaisselle ordinaire!).
Puis laissez tremper à l'eau de Javel diluée
(un verre pour 5 litres d'eau chaude) au
moins 15 minutes. Rincez abondamment,
laissez sécher à l'air, enfin garnissez les augets
et remettez-les dans la cage.

REMPLACER LE FOND DE CAGE

Le fond de cage, l'aire de jeux, le perchoir d'intérieur
doivent être tapissés de sable pour fond de cage; cette litière
recueillera la nourriture éparpillée et les fientes. Elle doit être changée
tous les jours. Le papier journal est à déconseiller, en particulier avec

PLUMES ET ENVELOPPES DE GRAINES

Les plumes et les enveloppes de graines constituent le fléau des amateurs
d'oiseaux. Les plumes volent partout et il est surprenant de constater à quel
point les enveloppes de graines peuvent également s'éparpiller. Pour
maintenir la propreté, vous pouvez utiliser un petit aspirateur à batterie. Ce
type d'appareil se recharge en général sur une base appliquée au mur, ce
qui permet de le garder à portée de main près de la cage. Dès que vous
constatez du désordre, saisissez l'aspirateur, nettoyez et reposez l'appareil.
Cela ne prend qu'une minute ou deux.

les perruches et
perroquets qui
l'avaleraient après
l'avoir déchiré. Dans
leur habitat naturel, les
oiseaux picorent et
fouillent le sol, mais vous
ne pouvez laisser un
oiseau de compagnie
chercher sa nourriture
au milieu des fientes.

L'ENTRETIEN HEBDOMADAIRE

NETTOYER LES PERCHOIRS

Il arrive que, lorsque l'oiseau défèque, ses fientes tombent sur un perchoir. En sautillant sur le fond de cage, il peut aussi se souiller les pattes et salir du même coup les bâtons. Enfin, s'il trouve son bec malpropre, il le frottera contre les perchoirs. Inutile de dire que ceux-ci ont grand besoin d'être nettoyé!

De même qu'il faut réserver une éponge pour le nettoyage de la cage et des augets, un tampon à récurer ne devra servir qu'aux perchoirs. Frottez ces derniers et laissez-les tremper dans de l'eau de Javel (voir page 41) au moins un quart d'heure. Rincez abondamment et laissez sécher à l'air.

LAVER LES JOUETS

Les jouets se salissent également. Les objets en plastique, les pierres de lave et autres articles non comestibles seront nettoyés à l'eau savonneuse, rincés et passés à l'eau de Javel, rincés une nouvelle fois et séchés. Quant aux jouets destinés à être mastiqués, jetez-les s'ils sont trop sales. Ne faites pas tremper à l'eau de Javel ce que l'oiseau est amené à mâcher.

FROTTER LA CAGE

Avant de nettoyer la cage, videz-la de tout son contenu (augets, perchoirs, jouets) et apportez-la au jardin près de la lance d'arrosage ou sous la douche. Passez-la à l'eau, puis frottez-la à l'eau savonneuse avec le tampon à récurer. Aspergez ensuite d'eau de Javel diluée (en prenant garde de ne pas vous éclabousser, surtout les yeux), et récurez tous les barreaux et les recoins de la cage. Rincez à fond jusqu'à ce que l'odeur d'eau de Javel ait disparu. Laissez sécher à l'air et remontez le tout. Il est d'usage de verser du sable pour oiseaux sur le plateau de la cage, qui sera renouvelé au minimum une fois par semaine.

GRATTER L'AIRE DE JEUX ET LE BÂTON DE PERROQUET

L'aire de jeux et le perchoir se nettoient comme la cage. Emportez-les au jardin pour les arroser à la lance ou, à l'intérieur, sous la douche. Frottez vigoureusement, aspergez d'eau de Javel diluée et rincez. Regarnissez les fonds de sable.

NETTOYAGE D'URGENCE

Si les saletés s'accumulent, nettoyez aussitôt sans attendre. Par exemple, si vous avez donné à votre oiseau de l'avocat mûr et qu'il a essuyé son bec sur les perchoirs, sortez ces derniers et frottez-les. Si vous attendez que le fruit sèche et attire plumes et fientes, vous aurez beaucoup plus de travail.

Un simple rinçage ne suffit pas pour nettoyer une cage. Il faut frotter tous les barreaux pour faire disparaître toute trace de nourriture, de fientes et de plumes. Récurez également plateaux, tiroirs, jouets, perchoirs et augets.

LE BAIN

Vous avez sans doute déjà observé
les petits oiseaux s'ébrouer dans une
flaque ou sous un jet d'arrosage. Ils
s'amusent à plonger et à s'asperger tout
en gazouillant de plaisir. Ces bains les
débarrassent de la saleté et de la poussière,
écartent les parasites et incitent au lissage des plumes. L'oiseau
de compagnie a besoin lui aussi de se baigner. Si la plupart des
espèces se contentent de deux bains par semaine, certains
ne se lisseront les plumes qu'après s'être lavés ; ceux-là doivent
se baigner plus souvent.

Si vous avez un petit oiseau, accrochez à la porte de la cage
une baignoire pour oiseaux remplie d'eau tiède. Puis
vaporisez doucement l'oiseau à l'eau tempérée.
Pour les oiseaux de taille moyenne, utilisez une plus
grande baignoire. Vous pouvez aussi poser le récipient au
fond de l'évier et y vaporiser l'oiseau. Il jouera avec le filet d'eau du
robinet, mais surveillez la température de l'eau.

Un plus gros oiseau pourra accompagner la personne qui s'occupe de
lui sous la douche. N'utilisez ni shampoing ni savon sur lui, bien sûr,
mais laissez-le jouer dans l'eau en veillant à ce qu'elle ne soit pas trop
chaude. Posez-le sur la tringle du rideau après le bain pour pouvoir
terminer votre propre douche.

COMMENT TENIR L'OISEAU

Il n'est pas nécessaire de tenir l'oiseau pendant son bain,
contrairement à d'autres soins. Ces animaux n'aiment guère qu'on
restreigne leurs mouvements : pour un oiseau, se faire prendre, c'est
être mangé ! Il faudra bien pourtant l'immobiliser dans certains cas, et
sans l'apeurer. Vous le tranquilliserez grâce à des gestes à la fois
mesurés, rapides et sûrs.

PERRUCHES ET CACATOÈS

Si l'oiseau est dressé à se poser sur la main et que ses ailes sont
rognées, sortez-le de la cage sur le doigt. Saisissez-le de l'autre main,

doucement mais fermement, le dos tourné vers la paume et les pattes en avant. S'il cherche à mordre, placez le pouce contre un côté de la tête, près du bec, l'index de l'autre côté de la tête.

LA BAIGNOIRE

Il existe dans le commerce spécialisé plusieurs types de baignoires conçues pour les oiseaux, le plus souvent en plastique. Elles sont de différentes tailles et s'accrochent à une des portes de la cage. Ce type d'accessoire convient parfaitement au bain des perruches, exotiques et canaris.

Il est d'usage de remplir le fond de cette baignoire avec de l'eau tempérée et de la laisser à la disposition des oiseaux jusqu'à ce que chacun d'eux se soit baigné.

Lorsque vous tenez un oiseau, veillez à ce que la pression soit répartie sur les flancs et non sur la poitrine, faute de quoi vous risqueriez de l'étouffer. Assurez-vous également que les ailes sont repliées dans la main. Ne serrez pas l'oiseau si ses ailes ne sont pas bien alignées, afin d'éviter de froisser les plumes voire de casser un os.

AILES ET ONGLES

Si les ongles de l'oiseau deviennent longs et blessants, ou si leur longueur gêne l'animal pour se percher, il faut les raccourcir.

COUPER LES ONGLES

Comme les nôtres, les ongles d'un oiseau poussent en permanence. Il les use en partie dans le cours normal de ses activités, surtout s'il a à sa disposition un ou deux perchoirs en ciment. Mais il peut parfois arriver que les ongles, en continuant à pousser, puissent déformer les pattes voire, dans les cas extrêmes, s'incarner dans les pattes après avoir formé un cercle.

Vous pouvez raccourcir les ongles d'un petit oiseau au coupe-ongles ordinaire, et celles des espèces de plus grande taille avec une pince pour chien. Quoi qu'il en soit, la lame doit être bien affûtée : il s'agit de couper les ongles, non de les broyer. Prévoyez une poudre hémostatique au cas où vous atteindriez un vaisseau sanguin.

Si vous êtes droitier, tenez l'oiseau dans la main gauche. Si besoin est, enveloppez-le dans une serviette et sortez une patte à la fois. Sur des ongles clairs, la couleur rose de l'irrigation sanguine apparaît par transparence ; si vous coupez à vif, l'oiseau aura mal, s'affolera et saignera. Évitez à tout prix cet accident en taillant les ongles au-dessous de la partie terminale des vaisseaux.

Dans le cas d'ongles de couleur foncée, coupez l'extrémité de l'ongle jusqu'à ce qu'une gouttelette de sang perle. Poudrez d'hémostatique et laissez les autres ongles un peu plus longs que le premier. Procédez de la même façon pour l'autre patte.

Rogner les ailes d'un oiseau de compagnie n'est pas une opération difficile si vous vous faites aider pour tenir l'animal. Mais si vous ne vous sentez pas sur de vous, faites appel à un vétérinaire aviaire qui vous montrera comment faire. Regardez attentivement et n'hésitez pas à poser des questions.

ROGNER LES AILES

Rogner les ailes d'un oiseau apprivoisé consiste à raccourcir les rémiges de telle sorte que l'oiseau puisse voleter mais non voler. Cette opération autorise une certaine liberté de mouvement en dehors de la cage sans avoir à craindre l'évasion, et permet aussi au volatile de ne pas venir se heurter aux murs ou aux fenêtres. Rogner les ailes n'est pas douloureux, même si de nombreux oiseaux n'aiment pas être tenus.

Il est beaucoup plus facile de réussir cette opération à deux. Une personne tient l'oiseau de la manière décrite page 45 pendant que l'autre étire doucement une aile. À l'aide de ciseaux bien coupants, raccourcissez le bout des rémiges primaires (les plumes les plus longues situées à l'extérieur de l'aile) environ à mi-hauteur. Chez les perruches, il faut raccourcir cinq ou six plumes ; chez les cacatoès, sept ou huit. Chez les plus gros oiseaux, rognez également de cinq à six rémiges.

La première aile terminée, repliez-la, étendez l'autre et raccourcissez-la de la même façon.

Lorsque vous procédez à cette opération, prenez garde aux nouvelles plumes de la mue. Celles-ci, encore revêtues de kératine, ont un aspect différent ; veillez à ne pas les couper, car elles saigneraient, et parfois abondamment. Si vous blessez par mégarde une de ces plumes, il faut la pincer avec une pince à épiler tout près de la racine et l'arracher ; appuyez une compresse sur la peau (qui peut saigner) et tenez l'oiseau quelques minutes pour qu'il ne risque pas de rouvrir la blessure en battant des ailes.

UN BEC SAIN

Le bec est un outil qui remplit de nombreuses fonctions. L'oiseau s'en sert pour s'aider à grimper, manger, agripper, casser et faire sa toilette. Cet organe osseux est creux, comportant des sinus à l'intérieur, et recouvert d'une fine couche de kératine à l'extérieur.

L'oiseau se sert de son bec comme d'un outil, pour manger, saisir et s'aider à grimper.

L'état de santé de l'oiseau dépend de celui de son bec. Si cet organe est blessé ou présente une malformation quelconque, l'oiseau aura du mal à se nourrir. Mais il éprouvera peut-être aussi quelque difficulté à se déplacer car, pour grimper, les oiseaux s'aident de leur bec autant que de leurs pattes. Surveillez donc attentivement les mâchoires d'un oiseau de compagnie.

Le bec s'use et se renouvelle constamment. La plupart des oiseaux le maintiennent à une taille adaptée en se nourrissant, en mastiquant un os de seiche ou un bloc minéral, en se distrayant avec des jouets. Si l'animal demeure inactif – sans jouer suffisamment ni mâcher ses jouets –, son bec peut, là encore, prendre une forme inadaptée. Quant au bec de certains oiseaux actifs, bien qu'excellent, il peut s'hypertrophier à cause d'un mauvais alignement des mâchoires.

REPÉRER LE PROBLÈME

Lorsque la mâchoire supérieure n'est pas assez usée, le bec paraîtra trop long et l'oiseau aura tendance à s'en servir sur le côté plutôt que de face. Si la mâchoire inférieure est trop longue, l'oiseau aura du mal à fermer le bec et semblera essoufflé ; de même, la mandibule peut croître de travers. Si vous constatez une hypertrophie du bec, il faut le limer.

LIMER LE BEC

Si vous n'avez jamais limé le bec d'un oiseau, emmenez votre animal chez le vétérinaire aviaire pour avoir une démonstration. Le bec est innervé et irrigué, et si vous n'effectuez pas cette opération dans les règles, vous risquez de blesser l'oiseau ou de déformer son bec.

SUGGESTIONS POUR CONSERVER À VOTRE OISEAU UN BEC SAIN

- Donnez une alimentation équilibrée à votre oiseau, qui se servira ainsi normalement de son bec.

- Offrez-lui des os de seiche ou des blocs minéraux pour qu'il puisse se faire le bec dessus tout en absorbant du calcium et d'autres minéraux.

- Pour les perruches et les perroquets, présentez des objets à mastiquer tels que les perchoirs en bois ou en ciment et des jouets avec lesquels l'oiseau aura envie de s'amuser.

- Donnez à votre oiseau l'occasion de grimper pour qu'il puisse user son bec.

L'os de seiche, tiré d'une espèce de calamar, et que vous pouvez acheter dans une oisellerie, convient à la plupart des oiseaux, perruches, petits exotiques, canaris, cacatoès, et espèces de plus grande taille.

LE VÉTÉRINAIRE AVIAIRE

Si vous venez de faire l'acquisition d'un oiseau, il est recommandé de l'emmener chez le vétérinaire aviaire dès les premiers jours de son installation. Bien que la consultation risque d'affoler l'oiseau, le médecin aura là l'occasion de faire connaissance avec l'animal, de l'examiner et de faire son bilan de santé. Il observera tous les signes éventuels de maladie ou de déficience génétique. Il recherchera la présence de parasites, teignes, poux ou autres indésirables! En cas de problème, le vétérinaire vous conseillera sur la conduite à tenir. Enfin, vous pouvez saisir l'occasion pour faire rogner les ailes de l'oiseau, écourter ses ongles et apprendre ainsi à effectuer ces opérations.

Vous mettrez également à profit cette première consultation pour vous informer. Quel doit être l'aspect des fientes de l'oiseau et leur fréquence? Que veulent dire ses battements d'ailes? Il ne faut pas hésiter à poser toutes les questions qui vous viennent à l'esprit.

Le médecin pourra demander à analyser les fientes, pour rechercher la présence de parasites, ou faire une prise de sang. Bien que ces examens paraissent à priori sans objet pour un oiseau en bonne santé, ils permettent de dépister toute affection ne se manifestant pas encore. Et si l'animal est sain, ces résultats constitueront un dossier médical indiquant son état de santé «normal» en cas de maladie.

BILAN ANNUEL

Une visite annuelle revêt autant d'importance que la première consultation. En milieu naturel, l'oiseau montrant les signes d'une santé défaillante sera aussitôt repéré par les prédateurs, aussi s'attache-t-il à les cacher. En captivité, l'oiseau manifeste ces mêmes instincts, ce qui rend difficile de détecter les signes de maladie. Le bilan annuel, comprenant l'analyse du sang et des fientes, permet de repérer les affections cachées.

LE CHOIX DU VÉTÉRINAIRE

Les oiseaux sont des animaux fragiles, très particuliers, et il importe de trouver un vétérinaire compétent. Un vétérinaire aviaire connaîtra les maladies des oiseaux, saura soigner les blessures et prescrire les remèdes qui conviennent. Un vétérinaire pour animaux de compagnie pourra indiquer le spécialiste qui convient. Vous pourrez également vous renseigner auprès d'autres amateurs ou dans une oisellerie.

Le vétérinaire vous montrera les gestes à faire pour rogner les ailes ou écourter les ongles de votre oiseau de compagnie. Il vous conseillera également sur le régime qui convient à une espèce particulière ou sur tout autre point concernant votre oiseau.

SIGNES DE SANTÉ

Les oiseaux en bonne santé offrent tous des points communs, avec de légères variantes d'un sujet à l'autre ou d'une espèce à l'autre. Le plus important est de savoir reconnaître un état de santé normal.

- **Yeux :** clairs, brillants, sans écoulement ni opacité
- **Cire (base du bec des perruches) :** propre et sèche, sans écoulement
- **Respiration :** régulière, sans à-coups
- **Bec :** aspect vigoureux, sans dépôt de nourriture ni écoulement ni bave
- **Peau :** claire et propre sous les plumes
- **Plumage :** plumes saines, brillantes, lisses
- **Pattes :** propres et sèches, la peau claire
- **Fientes :** normales, sans modification
- **Poids :** moyen – ni trop lourd ni trop léger –, aspect charnu
- **Comportement :** vivacité, activité
- **Niveau d'activité :** dépend de l'espèce et de l'âge du sujet ; actif, prêt à chanter, parler ou jouer

La perte de poids peut être un signe d'infection intestinale, de parasites ou d'autres affections. Étant donné la petite taille des oiseaux, la perte rapide de seulement quelques grammes peut avoir des conséquences sérieuses. Peser l'oiseau à son installation permet d'obtenir un poids de référence pour des pesées ultérieures régulières. Il faut prendre le poids d'un oiseau malade pour suivre ses progrès. La pesée en grammes, la plus fine, permet de détecter les plus petites pertes de poids.

SIGNES DE MALADIE

Les oiseaux sont fragiles et leur santé peut se dégrader très vite. Si vous observez l'un des signes suivants, consultez le vétérinaire sans attendre.

- **Yeux :** écoulement, opacité ; les yeux restent mi-clos ou fermés
- **Cire (base du bec des perruches) :** écoulement, encroûtement
- **Respiration :** audible, haletante, sifflante
- **Bec :** craquelé, cassé, dépôts alimentaires croûteux, écoulement
- **Peau :** rouge, enflammée, croûteuse, squameuse
- **Plumage :** perte importante de plumes en dehors des périodes de mue ; plumes ternes, d'aspect malsain, maigres ; plaques de peau déplumées
- **Pattes :** rouges, enflammées, croûteuses, manifestement irritées
- **Fientes :** tout changement manifeste ; présence de sang, de mucus ; cloaque encombré de fientes et de plumes
- **Poids :** chute de poids rapide, manque d'appétit, ingestion accrue de grit
- **Comportement :** changement de posture, aspect tassé, tête basse ou rentrée, plumes hérissées, manque d'intérêt pour l'environnement, indifférence à sortir de la cage
- **Niveau d'activité :** tout changement d'activité inexpliqué

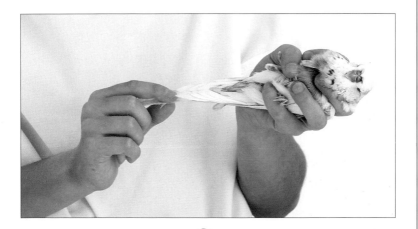

CAS D'URGENCE

Consultez le vétérinaire dès que possible
si vous observez l'un des signes suivants.

• Tout changement notable de
comportement, même en l'absence d'autres
symptômes.

• Tout changement d'apparence manifeste,
y compris un plumage hérissé, une posture tassée,
les yeux clos.

• Tout changement dans les habitudes alimentaires, boisson ou
nourriture, même en l'absence d'autres signes.

• En tenant compte d'une modification du régime alimentaire, tout
changement d'aspect des fèces (la partie solide de la fiente) : non
moulées, inconsistantes, liquides, décolorées.

Consultez d'urgence dans les cas suivants.

• Difficultés respiratoires, éternuements,
essoufflement ; respiration sifflante, par la
bouche ; l'oiseau respire le cou tendu tout
en s'agrippant à un barreau de la cage.

• Blessure infligée par un autre oiseau
ou tout autre animal.

• Ingestion, inhalation ou exposition à des
produits toxiques, notamment les fumées de
matériel de cuisine à revêtement antiadhésif,
extrêmement nocives pour les oiseaux.

• Brûlure thermique ou chimique.

• Saignement dû à une blessure.

TROUSSE DE SECOURS

- ❑ Compresses

- ❑ Bande

- ❑ Eau oxygénée

- ❑ Crème antibiotique

- ❑ Rouleaux de gaze de différentes largeurs

- ❑ Miel ou substance sucrée en cas d'hypoglycémie

- ❑ Ciseaux à bout rond

- ❑ Compte-gouttes

- ❑ Crayon ou poudre hémostatique pour arrêter les saignements

- ❑ Pince plate ou à épiler pour retirer les plumes neuves blessées

- ❑ Coupe-ongles

- ❑ Lampe à infrarouge et rallonge pour tenir l'oiseau malade au chaud

PREMIERS SECOURS

Les oiseaux peuvent être d'une extrême fragilité et, en cas d'urgence, le facteur temps joue un rôle essentiel. Il importe donc d'être prévoyant : trousse de secours et coordonnées d'un vétérinaire ou d'une clinique spécialisés sont indispensables. Gardez ces numéros de téléphone dans la trousse de secours, à côté du téléphone et sur vous. La meilleure chance de survie de votre oiseau est entre les mains d'un vétérinaire, mais, en attendant, vous pouvez lui apporter les secours d'urgence.

CHALEUR

Il est vital que votre oiseau malade soit tenu au chaud. Dans tous les cas d'urgence, c'est la première chose à faire avant d'emmener l'animal chez le vétérinaire. Maintenez-le à une température entre 26 et 33 °C et utilisez un thermomètre pour vérifier que l'oiseau n'a ni trop chaud ni froid.

Lorsque vous chauffez une cage, veillez à ce qu'il ne reste pas d'endroit frais où l'oiseau viendrait se réfugier s'il a trop chaud. Dans le cas des petites cages utilisées pour le transport, placez une couverture chauffante ou une bouillotte sous la cage ou sur un côté. Pour éviter les déperditions de chaleur, couvrez la cage et trois côtés d'une serviette de bain. Un petit aquarium couvert fera également une bonne cage d'hôpital ; placez une couverture chauffante contre la paroi.

SAIGNEMENT

Comprimez la plaie avec une compresse. Lorsque le saignement s'arrête, nettoyez la blessure à l'eau oxygénée, puis appliquez une crème antibiotique. Emmenez l'oiseau chez le vétérinaire sans attendre qu'un état de choc s'installe.

ÉTAT DE CHOC

Si l'oiseau est blessé ou a connu une grande frayeur, il peut manifester un état de choc. Tenez-le au chaud, administrez-lui une solution d'électrolyte au compte-gouttes et emmenez-le chez le vétérinaire sans attendre, car il s'agit d'une urgence.

FRACTURES

Si l'oiseau reste perché sur une patte en tenant l'autre levée ou en la laissant pendre, il souffre probablement d'une fracture. Évitez de le déplacer et ne tentez pas de réduire la fracture ou de poser une attelle. Consultez le vétérinaire sans attendre.

PONTE BLOQUÉE

Si une femelle reste accroupie sur le fond de la cage, présente un abdomen gonflé et paraît en plein effort, elle cherche sans doute à pondre (les femelles pondent parfois même en l'absence de mâle, mais les œufs n'éclosent pas). Tenez-la au chaud (jusqu'à 30 °C), administrez-lui une solution d'électrolyte au compte-gouttes et humidifiez son cloaque à l'eau chaude. Si elle ne pond pas au bout d'une heure, emmenez-la chez le vétérinaire.

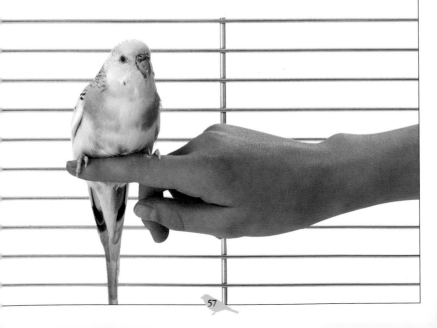

CAJOLER VOTRE OISEAU

Les oiseaux sont des créatures très sociables. Dans leur milieu naturel, ils vivent en bandes ou en couple. Nombre d'espèces s'apparient pour la vie et souffrent de l'absence de leur partenaire. Il est incontestable que ces animaux éprouvent des sentiments. L'oiseau de compagnie a besoin que vous vous occupiez de lui et que vous lui manifestiez votre tendresse. Privé de ces attentions, il risque de dépérir, voire de mourir.

Le docteur Irene Pepperberg étudie depuis 1977 à l'université d'Arizona un étonnant perroquet gris d'Afrique nommé Alex. Cet oiseau se montre capable de différencier et de désigner des objets selon leur forme, leur couleur et leur matière. Lorsque le docteur Pepperberg lui présente un plateau garni d'objets et lui demande de trouver «ce qui est vert, rond et duveteux», il le fait! Alex sait aussi compter, dire ce qu'il a envie de manger et comment il se sent. En somme, il manie le langage à bon escient et ne se contente pas d'imiter les mots qu'on lui a appris.

Bien d'autres propriétaires d'oiseaux de compagnie ont également observé une utilisation pertinente du langage, et il est permis de croire que des oiseaux qui n'ont pas le don d'imitation jouissent des mêmes facultés, simplement, ils ne peuvent pas le dire! Plus nous en savons sur l'intelligence des oiseaux, mieux nous comprenons leur besoin de communiquer avec nous.

Installer la cage dans un endroit de la maison où règne l'activité est une bonne idée, du moment que les humains prêtent attention à l'oiseau.

Si vous travaillez à domicile, posez la cage (ou l'aire de jeux ou le bâton de perroquet) dans la pièce servant de bureau. Observez l'animal. Que veulent dire ses pépiements, ses gazouillements et ses trilles? Si vous essayez de l'imiter, comment réagit-il? Pourquoi prend-il telle ou telle attitude?

Il importe de passer du temps avec son oiseau, de le socialiser, de jouer avec lui, de lui apprendre ce qu'il peut apprendre. Ces moments peuvent être aussi des pauses, passés à le cajoler, à regarder la télévision ou à lire en sa compagnie.

Les oiseaux ne sont pas faits pour passer leur vie en captivité. Si vous transformez votre oiseau de compagnie en bibelot, il deviendra dépressif. Au contraire, en l'invitant à partager votre vie, il sera un compagnon des plus amusants et des plus affectueux. Même si vous ne passez pas tout votre temps à vous occuper de lui et à le distraire, il appréciera d'être en votre présence.

Les moments passés avec son oiseau en dehors de sa cage sont privilégiés parce qu'ils révèlent de nouveaux aspects de sa personnalité. Il explore (dans certaines limites, bien sûr), joue, parle (dans son langage!) et, s'il en a envie, vient se faire cajoler. Il comprendra vite que, même si vous vaquez à vos occupations, il a le droit de réclamer des câlins : il sait que vous vous arrêterez et le câlinerez. Pas si bête!

EN SAVOIR PLUS

LIVRES

Bien vivre avec son oiseau de compagnie, Guy Barat, De Vecchi

Le Grand Livre des canaris, Roberto Brunelli, De Vecchi

Le Grand Livre des inséparables, Gianni Ravazzi, De Vecchi

Les Oiseaux de cage et de volière, Solar, Guide Vert

Les Oiseaux de compagnie, Guide du propriétaire, David Alderton, Maloine

Les Perruches, Annette Wolter, Marabout

Oiseaux de cage et de volière, Artemis

Perruches et perroquets, Gianni Ravazzi, De Vecchi

Vous et vos oiseaux de compagnie, Jacqueline Huard-Viaux, Éd. de l'Homme

SITES INTERNET

www.animalhebdo.com
Le magazine animal

www.perroquet.net
Site pour les passionnés de
perroquets

www.geocities.com/aeomontreal
Association des Éleveurs d'Oiseaux de
Montréal

www.santeanimale.ca
Site officiel de la profession
vétérinaire au Canada

www.animorama.com
Site des animaux de compagnie

www.animostar.com
Le web des animaux

À PROPOS DE L'ÉDITEUR

Fondées au Québec en 1982, les Éditions Michel
Quintin occupent une place prépondérante dans la
publication d'ouvrages de vulgarisation scientifique
sur les animaux, la nature et l'environnement. Au fil
des ans, des prix prestigieux, nationaux et étrangers,
sont venus souligner le travail de l'éditeur et de son
équipe de spécialistes.

INDEX

A

abdomen gonflé, 57
acides aminés, 18, 19
activité, niveau d', 52-53
affection, 58-59
ailes rognées, 12, 26, 47
aire de jeux, 12-13, 28, 36-37, 43
alimentation, 18-25, *voir aussi* friandises
adaptée, 20-21
demande de l'oiseau, 39
des cacatoès, 22
des canaris, 22
des perruches, 22
des serins, 22
distraction, 25
horaire de l', 24-25
nettoyage des déchets, 24
nouveaux aliments, 37
suppléments, 24, 25
aliments préparés, 21, 25
amandes, 20, 22, 25
apprentissage, 32
à grimper, 37
à ne pas mordre, 33
au doigt, 30-31
à voler, 32-33
à voleter sur le doigt, 32-33
de l'aire de jeux, 36-37
félicitations, 30, 31, 36
récompenses, 28, 31, 36
aras, 22, 45

B

bain, 10, 44-45
bande, substitut de la, 59
bec
cire, 52-53
lissage des plumes, 10, 38, 48-49
nourriture et forme du, 19
signes de maladie, 53
signes de santé, 52
blessures, 23, 54
bruit, 14, 17
brûlures, 54

C

cacatoès
bain, 45
cage, 8
intelligence, 26
nourriture, 22
perchoirs, 10
cage
accessoires, 10-11, 23
couverture, 11, 26
emplacement, 14-15, 59
nettoyage, 9, 10, 41, 42
nichoir, 11
porte, 9
taille, 8-9
cajolerie, 58-59
calcium, 23
canaris
bain, 45
exercice, 13
grit, 22
intelligence, 26
nourriture, 22
perchoirs, 10
captivité, oiseaux élevés en, 7
chant, 7, 39, *voir aussi* vocalises
choc, état de, 54, 57
cire, 52-53
communication, 38-39, *voir aussi* vocalises
comportement, 52-54
conures, 22, 26

D-E

digestion, 18, 22
domestication, 6, 7

eau
abreuvoir, 10, 24, 34, 40
besoins en, 21
empoisonnement, 54
environnement
amélioration, 11, 12-13
enzymes, 18
espace, 2, 8
sécurité, 15
espace, 2, 8
évolution, 6
examen vétérinaire, 51
exercice, 2, 12-13, 32-33

F

félicitations, 30, 31, 36
fientes
signes de maladie, 50, 53, 54
signes de santé, 52
fossile, 6
fracture, 57
friandises, 28, 31, 36
fruits, 20, 22, 25

G-H-I-J-K

gazouillement, *voir* vocalises
glucides, 18
graines, 19, 20, 22, 25
grit, 18, 21, 22

humains, 59

informations, sources d', 11, 51, 60-61
insectes, 21
inséparables, 8
instinct
de survie, 26, 45
en bande, 6, 28, 58
intelligence, 7, 12, 26, 58

jeu, 2, 25, *voir aussi* exercice, jouets
jouets, 11
adaptés, 34-35
à mastiquer, 49
des aire de jeux, 13
et friandises, 25

L-M-N

légumes, 20, 22, 25
lipides, 18
livres spécialisés, 60

maladie, *voir aussi* urgences, blessures
signes de, 53-54
suppléments nutritifs en cas de, 23
manipulation de l'oiseau, 28, 30, 33, 45
mastication, 15, 25
milieu naturel, 6, 7, 18, 19, 20, 25

minéraux, 18, 19, 23, 49
morsure, 28, 33, 45

nettoyage
    de l'abreuvoir, 21, 24, 40
    de l'aire de jeux, 43
    de la cage, 9, 10, 41, 42
    de la mangeoire, 24, 40
    des jouets, 42
    des perchoirs, 42, 43
nichoir, 11
nid, 11
noix, 20, 22, 25
nutrition, 18, 19, *voir aussi*
    alimentation

O

œufs, 21
ongles, couper les, 10, 46

P

papier de verre, 11
parasites, 50
pâtée, 21, 25
pattes, 52-53
peau, 52-53
pépiement, *voir* vocalises
perchoirs
    des aires de jeux, 13
    descriptif, 10
    destruction, 26
    d'intérieur, 12, 13, 28
    nettoyage, 42, 43
perroquets
    aire de jeux, 12
    bain, 45
    bâtons de, 12, 13, 28
    grit, 22
    intelligence, 58
    jouets, 11
perruches
    bain, 45
    cage, 8
    intelligence, 26
    nourriture, 22
    perchoirs, 10
phosphore, 17
plumes, 47, 52-53
    arrachage, 25, 26, 39
    lissage, 10, 38
poids, 52-53
ponte, 57

préparatifs d'arrivée, 12-15
protides, 18

R

récompenses, 28, 31, 36
relation, création de la
    accueil de l'oiseau, 16-17
    affection et cajolerie, 58-59
    attitudes, interprétation
        des, 14, 17, 31, 38-39, 59
    en dehors de la cage, 12,
        15, 28-33, 59
    patience, 28
    pendant le jeu, 35
    mise en confiance, 28, 29
    ton de la voix, 17, 28, 35
respiration, 52-53, 54
revues spécialisées, 60

S

saignement
    des plumes, 46, 47
    urgences, 54, 56
santé, signes de, 52
sauvages, oiseaux, 6, 7, 10,
    19, 20, 25
sécurité
    consignes de, 15, 16, 27
    de la cage, 9
    de l'environnement, 15,
        16, 27
    des jouets, 35
seiche, os de, 23, 49
serins
    bain, 45
    cage, 8
    exercice, 13
    intelligence, 26
    nourriture, 22
socialisation, 6, 14, 26, *voir*
    aussi instinct
suppléments nutritifs, 10, 46,
    55

T

temps à consacrer, 2
toilette, 2
    accessoires, 10, 46
    bain, 10, 44-45
    comportement, 10, 38
    du bec, 10, 38, 48-49
    émanations toxiques, 54

ongles, 10, 46
rognage des ailes, 47
transport, 16
trousse d'urgence, 55, 56

U-V-Y

urgences
    consultation, 54
    nettoyage, 43
    premiers soins, 56-57

vaporisation, 10, 44
vétérinaire aviaire, 23, 33,
    50-51, 54, 56
viande, 20, 22
vitamines, 18, 19, 23
vocalises, 39
cris, 25, 26, 33
    dans la cage, 15
    entre oiseaux, 6
    imitation du langage
        humain, 6, 7
voix, ton de la, 17, 28, 35

yeux, 52-53

ÉDITIONS MICHEL QUINTIN

Titre original de cet ouvrage
What your bird needs

Traduction-adaptation
Barthélemy de Lesseps

Réalisation
Bookmaker, Paris

Consultant
Chistophe Faizant

Mise en pages
Jean-Claude Marguerite

Crédits photos : Paul Bricknell, Cyril Chadwick,
Frank Greenaway, Cyril Laubscher

ISBN : 2-89435-169-0
Dépôt légal : septembre 2001

Imprimé à Hong Kong

Éditions Michel Quintin
C.P. 340, Waterloo, Québec
Canada J0E 2N0
Tél. : (450) 539-3774
Téléc. : (450) 539-4905
Courriel : mquintin@sympatico.ca